El viaje

(prohibido lanzarse al mar)

Ramón Díez

Para Tere

- Una vez me hicieron una pregunta: " Si tú te crees que el universo termina, ¿qué hay del otro lado?... ¡Uaaau!, cuando me preguntaron eso… yo dije, nada… "ah, pues eso es algo…"

Abre mucho los ojos, como dos platillos volantes, cuando hablamos de extraterrestres, de porqués, o de lo desconocido; algo más conocido por él que ha visitado lugares especiales, donde la explicación sostenible discute con la que le pregunta que dónde se sostiene. Ha estado en Machu Picchu y en Egipto. En voz baja, le han contado secretos de otro mundo, para que nuestros dioses de aquí no se celen de los de allá. Visitó Jerusalén y su Santo Sepulcro, con su padre, que en un momento de descuido y haciéndose el cojo, se coló en lo prohibido para ver más de cerca lo divino.

- Me dijo que había mucha piedra.

Su padre ya murió. Lo echa mucho de menos. Pero me lo muestra, alegre, y hacemos bromas. Me habla de su último viaje juntos por Grecia, Israel, Omán, Jordania, Dubái…

- Cuando viajo, busco los lugares más pobres; esa gente es la que más vive, es la vida real. En Egipto, me hice amigo de un hombre que me invitó a su casa. Allí, como en muchas casas, los padres viven en la primera planta, el primer hijo en la segunda, el segundo en la tercera… él vivía en la penúltima porque era el último hijo. Por encima de él estaban los patos y otros animales que la madre criaba, para que nadie se los robara. Y fumábamos hachís ahí arriba, viendo las pirámides, con los patos.

Hace tiempo que bajó de esa azotea. Tardó tres años en dejarlo, desde que se reconoció adicto.

- Uno trata de parar y no es capaz. Yo no confiaba mucho en mí. Hablamos de cómo nos drogamos, como en un círculo. Subimos con una para bajar con otra. Subimos tanto con otra, que nos hace falta una más fuerte para bajar, demasiado; entonces buscamos el equilibrio, que se va perdiendo, progresivamente, a fuerza de equilibrar. La balanza interior ya no nos funciona. La exterior tampoco.

- Estoy mejor, ya no tengo ataques de pánico, no estoy nervioso, no me hace falta nada, estoy muy a gusto, estoy mejor que nunca. Se aparta cuando se cruza con la prepotencia. Le gusta ayudar a los que necesitan ayuda. Y lo hace. Su padre lo hacía. Lo vio en él y lo recogió. Lo lleva en su bolsa de viaje. Piensa que si fuera político podría frenar un poco la desigualdad que ha visto a lo largo de sus viajes, que son muchos, y que serán más. Le corto cuando me habla del Gran Cañón del Colorado, de las reservas de indios alcoholizados, de Darwin enterrado en la iglesia de Westminster de Londres, de una casa de Hemingway que convirtieron en bar y que luego quemaron…

Me cuenta de uno en barco desde Seattle a Nueva York, por California, Méjico, Costa Rica, el Canal de Panamá, Florida. De otros por el Caribe, Bahamas, República Dominicana, Puerto Rico, Las Islas Vírgenes, San Martín, Tórtola… recuerdo y aprovecho para insistir sobre el Triángulo de las Bermudas. Creo que a los dos nos interesa aprender. Y si es de lo desconocido, también.

- Hay que cruzar un pedacito… por Bahamas, Florida… pero no, no pasó nada.

Duda de su seguridad. Casi recién estrenada. Acostumbrada a que cuestionaran todo lo que hacía, se acostumbró a cuestionarse. Todo lo hacía mal porque así se lo hicieron creer. Y como lo bueno no funcionaba, se creyó mala y se hizo peor. O eso cree ella.

Entra como un huracán y me dice que tiene prisa. Después de dos horas hablando, mira el reloj y me dice que sigue teniendo prisa. Alguien la necesita para algo. En la habitación, los objetos y yo giramos sobre nuestro eje cuando sale por la puerta. Parece que nunca llegó y antes de que llegara ya se había ido. Compruebo que sí estuvo. La tengo grabada. Descargo sus palabras en el ordenador, que me mira extraño, con su moral plana. No está acostumbrado a que una persona le suba y le baje los gigas en tan poco tiempo. El mac, con su almacenamiento, no sabe que los adictos tenemos a mucha gente dentro pero solo una boca, que pone su entrada usb ardiendo. Intenta organizar abortos, pérdidas familiares, abusos sexuales, palizas, drogas, maltrato psicológico, generosidad… aquí descansa… generosidad desorbitada. Vuelve a calentarse. Me pide que lo reinicie o que le prepare un café. Lo apago. Descansamos. Me lo agradece. Seguro que, esta vez, sueña con algo bonito, con algún valor, tal vez.

- No tuve una infancia bonita, o no lo recuerdo… llegaba a mi casa y mi madre estaba en el suelo… y tener que meterla en la cama entre mis hermanos y yo, antes de que llegara mi padre… y echarle colonia o algo para que él no lo notara… Recuerdo que le decíamos que nos llevara a la fiesta de algún pueblo y él nos decía que sí, que cuando acabara la partida nos recogía. Le esperábamos en un alto, en una pradera. Atardecía, se hacía de noche, y nunca llegaba.

Su seguridad está ahora menos dudosa. Defendía a su padre y dudaba de su madre. Ahora defiende a los dos, aunque él ya esté muerto.

- Un domingo por la noche volvíamos a casa a las cuatro, o cinco de la mañana, y él conducía. Y teníamos cole y él empezaba a trabajar a las siete. Cruzaban corzos por la carretera. Él los apartaba desde el parabrisas como si fueran mariposas.

Con once años visitaba a los enfermos de un hospital mientras uno de sus hermanos se moría en otra planta. Su cabeza empezó a ser supervisada por psicólogos y psiquiatras. Ella empezó a consumir a los dieciocho "para gustarle a un chico" y celebraba los aniversarios de falta de hermano y padre por todo lo alto, o bajo, dependiendo de su falta de horizontalidad. Una piedra, llegado el caso, puede transformarse en un ser querido. Y comenzó su apego, su dependencia emocional, el amor como adicción. La pata de todas las mesas cojas.

Durante un tiempo, la montaña fue su hogar. Hacía senderismo con un novio. Un novio de familia bien. Una familia bien que no la aceptaba, por pobre, directamente.

- Cuando me quedé embarazada, su padre me dijo que era para cazar. Por eso me gustan las rutas por el monte, porque así estábamos solos. A veces iba a su casa en el maletero del coche para que sus padres no me vieran.

"En la puta vida vas a tener un hijo, va a salir deformado, de hecho, ya tuviste que abortar porque de alguien como tú no puede salir nada bueno." "A ver si me vas a contagiar." "Yo te invito a una raya, pero a cambio me haces una mamada." (Algunos de los piropos de los hombres que la querían.)

- Era muy tonta. Me fiaba mucho de la gente. Y cuando veía lo que había, me negaba a verlo. Ahora miro por mí. Estoy trabajando mi autoestima. Quiero vivir, formar parte de algo, estar en familia. También me gustaría ayudar a gente de África, o Brasil… que no tienen nada, y nosotros nos quejamos por todo… tener el valor… pero tengo miedo a las culebras…

Por el sendero que lleva a su montaña, se ha ido, a tumbarse en la pradera. Ya no espera a nadie. Por eso alguien aparecerá. Y se tumbará a su lado. Y si se descuida, ella le quitará una piedra de la bota, o una broza del abrigo, o le limpiará una mancha con el rocío.

¿Cómo es posible que un drogadicto acabe siendo un terapeuta que te salva la vida?

Tiene que haber un error.

Y lo hay, en cierto modo. Sólo te salva la vida si eres adicto. Aunque si no lo eres, puede que solo te salve de ti mismo, cuando, por ejemplo, en un día soleado sales a la calle con una camisa de flores y un pantalón corto y, de repente, a traición, y porque el mundo se hizo para que estuviera en tu contra, empieza a llover.

A los diecisiete años su padre le pone uno de más y lo convierte en mayor de edad. Con su certificado y con su maleta en la puerta. Y empieza el viaje. El baile.

- Con quince años ya fumaba porros a diario.

Trabaja mucho, desde muy joven, por España, Francia e Italia. Gana, también, mucho dinero para un chaval que, aún siendo responsable en su trabajo, ve cómo algo se le escapa de las manos. Algo que, a esa edad, se ve muy lejano.

Sigue fumando porros. Muchísimos. Bebe y, de vez en cuando, consume cocaína. Trabaja. Nunca falta al trabajo. La cocaína se pone cada día más nerviosa y le llama cada poco. Juega con ella, la coge, la deja. Un día, es padre.

- Curiosamente, el detonante de retomar esos consumos brutales de cocaína fue el nacimiento de mi hijo… no saber gestionar la situación… me vi abrumado.

Se separa de su pareja. Sabe que algo no va bien. Ve, de reojo, como su pértiga de funambulista se va acortando.

- Estaba en un plan superdestructivo. Beber whisky por la mañana… el trabajo también se resiente… llevar a mi hijo de tres años en el coche, parar en un arcén, hacerme una raya vigilando al niño para que no se diera cuenta... taquicardias, paranoias…me escondía, para consumir, de mis propios amigos de consumo. Tenía que parar. Me sentía un hijo de puta.

En un momento de descuido, despista a su autoengaño y entra en un centro de desintoxicación. Descubre lo que, en el fondo, significa la adicción. Los terapeutas son adictos en recuperación. Eso le engancha, le encanta.

- Yo quiero esto.

Una vida tapada y adormilada se despereza y retoma el verbo que le dio significado. Vivir. Es un trabajo intenso, diario, que requiere esfuerzo, que debe partir de uno mismo. Pero es un esfuerzo recompensado.

- Lo mejor de mi vida está por llegar. Quiero crecer como persona, estudiar, ver crecer a mi hijo, inculcarle unos valores… que yo perdí… que ahora tengo. Me produce impotencia que alguna gente no vea su realidad, esa de la que yo salí.

Pienso que de habernos conocido hace unos años, en otra situación, nuestras voces estarían luchando por estar lo más arriba posible. Ahora hablamos, escuchamos. Hay una paz extraña en la habitación, que cuesta creer, pero que existe.

- Aún hoy, cuando le digo a mi hijo que voy a ver el fútbol, se pone triste.

Le pregunto si no le gusta.

- Sí, le gusta, si lo ve conmigo.

Humildad:
Pedir ayuda.
Exponerse. Mostrarse vulnerable.
Ser educable.
Olvidar el ego.
Olvidar la soberbia.
Dar ayuda.

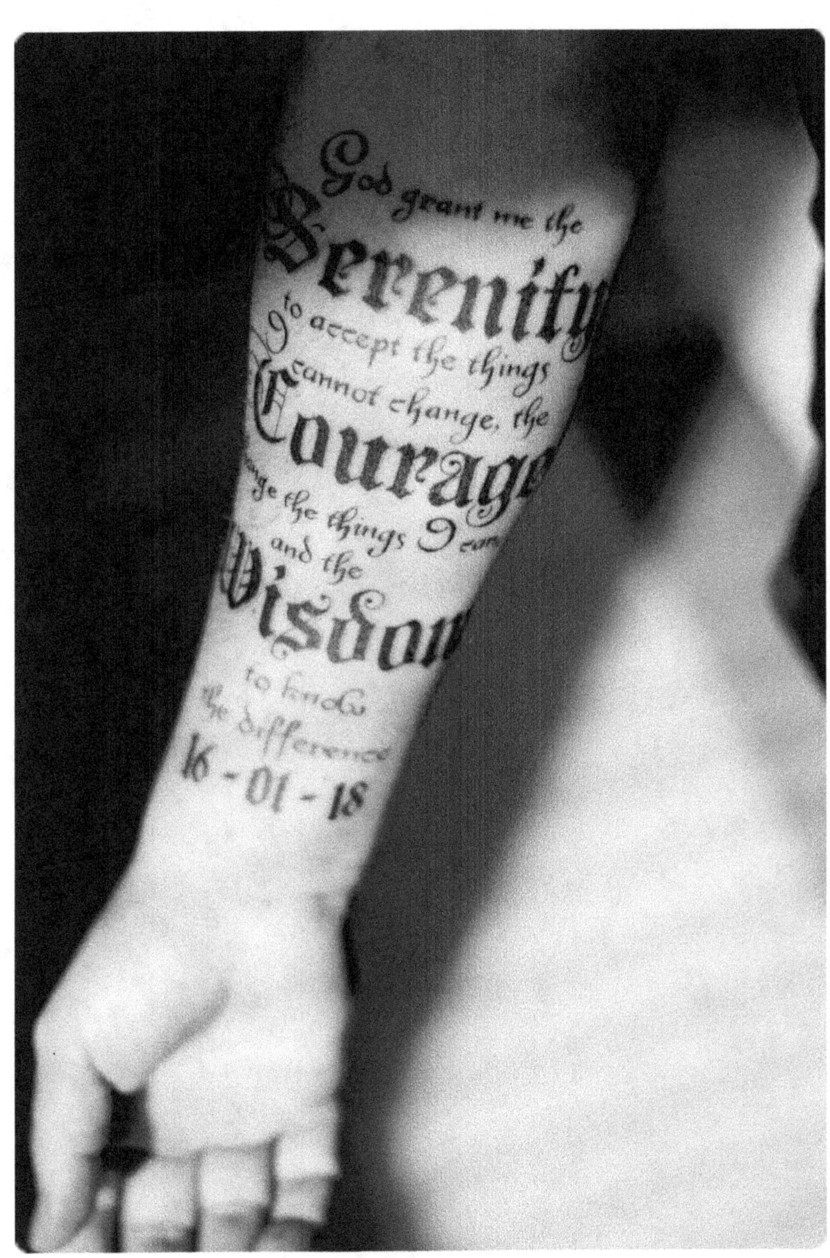
God grant me the
Serenity
to accept the things
I cannot change, the
Courage
to change the things I can
and the
Wisdom
to know
the difference
16 - 01 - 18

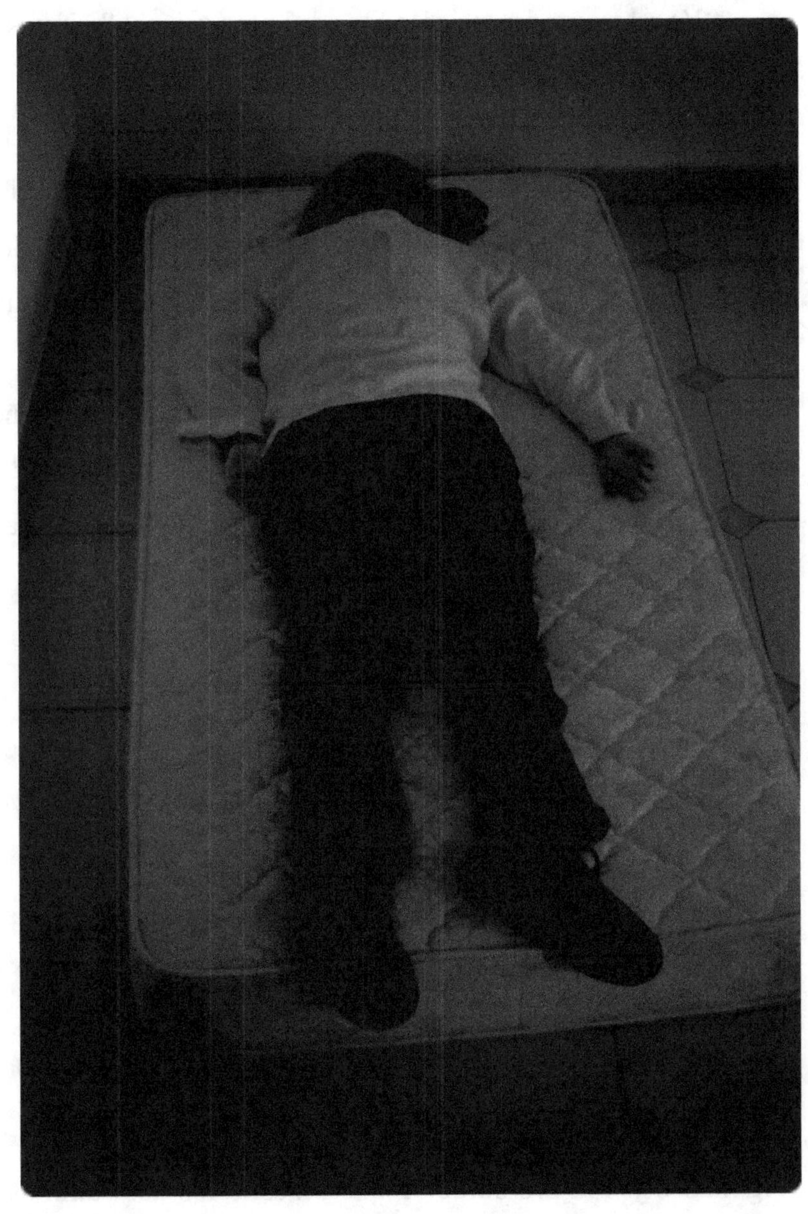

- "Ya no te quedan psicólogos aquí para mí, ¿eh? Vamos a tener que ir a otra ciudad."

Esto es lo que le decía a su madre no hace mucho tiempo. Buscando un lugar para que su vida "un poco destrozada" tuviera un equilibrio.

Con trece años se fue directamente a por una botella, sin preliminares, en una noche de San Juan. Y siguió, sin parar, sin sentido, sin ninguna motivación.

Su abuela le dice que es una drogadicta. Ella está en otro plano. Cuando uno piensa que el daño viene de fuera, que dentro no hay nada que cambiar. Bromea con el desastre porque ahora tiene la certeza de estar en el camino que buscaba.

- Bebía…cocaína sólo cuando salía…pero salía todos los días… bueno…el lunes no. Pero no me lo pasaba bien. Un día me derrumbé. Le dije a una amiga: "tía, yo ya no es que esté ahora así… es que si estoy así ahora, cómo voy a estar con veinticinco o veintiséis años…"

A los psicólogos les vendes la moto…ya sabes que los porros son malos… ¿y?… Estar tirada en mi cama, comiéndome la cabeza a doscientos y decir: "no me va nada bien"…y pensar…"a mí sólo me puede ayudar alguien que lo haya vivido".

Y encuentra a alguien. Que pone nombre a lo desconocido, a lo vergonzoso y a lo prohibido. Y que muestra los dos caminos. Uno ya lo conoce. El otro, mucho tiene que esforzarse para ser peor.

- Está en mi mano. Soy yo la que elijo. Yo decido. Mira, mi vida es un jardín, y tengo como huertas... mi familia, mi vida social, yo, el tema académico, profesional, sentimental...y cuando todo está destrozado, que no está nada regado, ahí es cuando me doy cuenta...y ahí estaban los caminos, A o B, sin más, sin ramas...y decidí probar... vi algo de luz. Estoy aprendiendo a vivir. A tener una actitud positiva.

  Y a no consumir, no me hace falta...una de mis mejores amigas no bebe, no fuma, y es que es...es...una payasa...y yo me lo paso... ¡vamos!

Me cuenta, muy emocionada, cómo fue a ver a su abuela. Hace poco. Serena. Con todo tipo de detalles y preparativos. Como si hubiera cruzado el atlántico. Yo creo que sí lo cruzó, pero no me lo dice.

- Volver a ver a mi abuela era como el comienzo de algo que me iba a aportar muchísimo.

Cuando la veo escurrirse por la silla y con la nuca en el respaldo, pregunto si echa de menos su vida de antes.

- Ummm...pues no. Lo malo lo quité y lo bueno lo conservo y lo cuido. Lo riego.

  Mi vida no tenía sentido. Ahora sí. He aprendido a no juzgar. La capacidad de observar sin juzgar es lo más... es muy difícil. Hay información que la cabeza no necesita. Y ser agradecida.

  Agradecer es algo que me ayuda muchísimo.

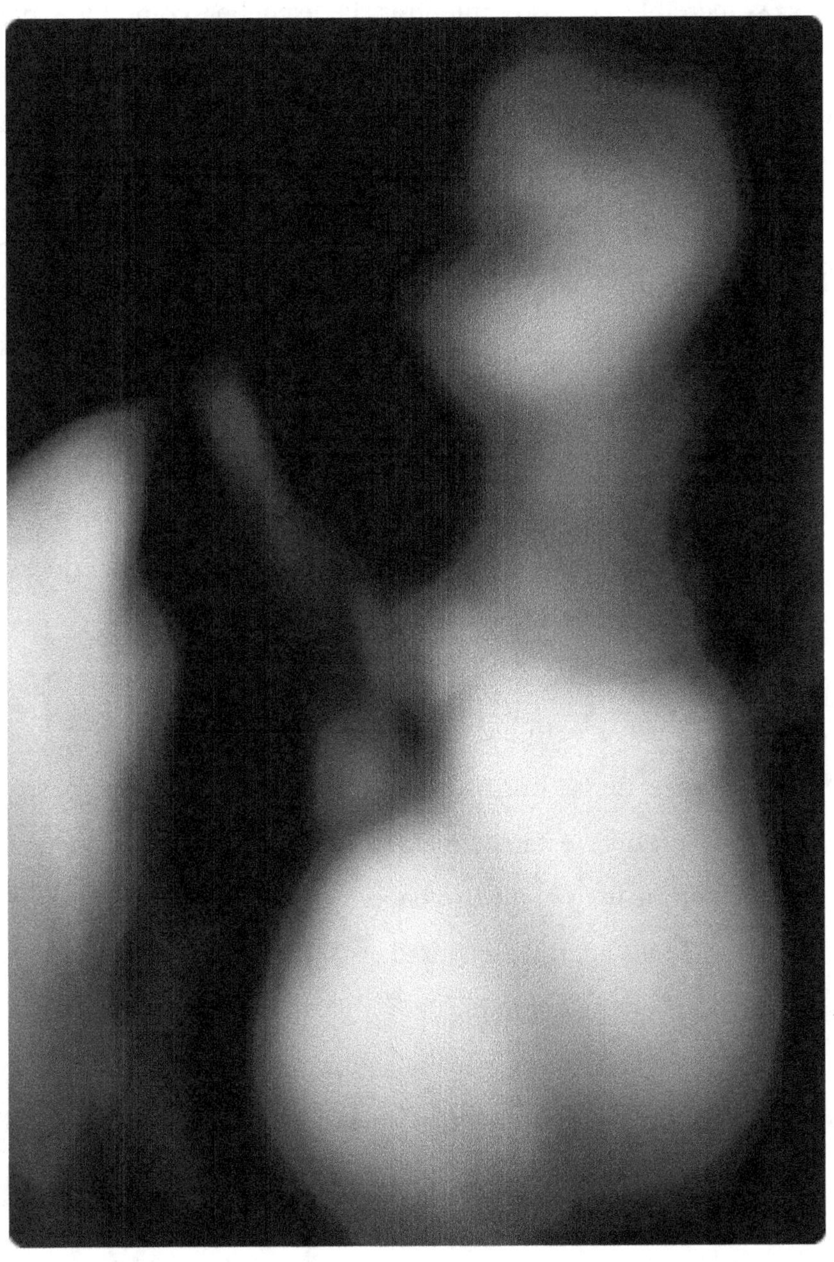

Es increíble. Pienso, mientras la escucho, cómo una persona puede hablar tan mal de sí misma. Y tan bien, sin decírtelo. Reconoce sus defectos, los identifica, los analiza. Actúa. Insiste en los complicados. Nos acostumbramos a llevar una coraza, una protección que nos evite el daño. Un escudo que nos crea personajes para cada escena de la vida. Para sobrevivir. Vivir se convierte en sobreactuar. Creemos que luchar es lo que nos salva. ¿De qué? ¿del mundo que nos propone la coraza? ¿del mundo que no queremos? ¿del mundo?

Esa armadura se va cerrando, se oxida, nos quedamos dentro para siempre. Nosotros, nuestra lucha y nuestros personajes. Fingir es muy cansado, pero nos puede la costumbre. Dejar de hacerlo es difícil, pero es el aceite que nos libera del hierro.

- Si consumo, atraigo a la gente tóxica… y yo soy súper tóxica, posesiva, celosa… lo reconozco.

Empieza a fumar porros a los quince años, pero se pasa a la cocaína porque prefiere estar activa. Trabaja de relaciones en una discoteca y bebe porque todo el mundo bebe.

- Me las agarraba cuadradas. No sabía parar. Mis amigas me decían que era insoportable.

  Estudiaba con cocaína para estar despierta. No veía ningún problema. Pensaba que yo era distinta, que era capaz.

Sigue bajando. Se hunde. Se engaña con la falsa seguridad que obtiene de un consumo que se dispara. Pega a los chicos cuando sale por la noche. A veces se pega a ellos.

- Me despertaba en la cama de cualquiera, por decirlo así… no sabía decir no. Me creía súper guay, pero por dentro estaba hundida.

Tuve un novio que "me vestía", me decía con quién podía ir, con quién no, qué tenía que hacer, qué es lo que no podía hacer… que iba a matar a mis amigos… yo no hablaba.

Prueba en un centro de desintoxicación. Consigue dejar las drogas y se conoce un poco, por dentro, donde no había estado antes. Pero no se convence. Cree que se pierde algo, que alguien se lo pasa demasiado bien y ella no está allí. Es un presente que avanza y retrocede a toda velocidad, sin descanso, entre inhalación y suspiro.

Prueba en otro centro. Y se conoce más. Un trabajo escrito que asusta, que te descubre y que te quita peso.

- Encontré una paz que hacía mucho tiempo no tenía.

   Soy feliz. Mi madre me ayudó mucho. Mis padres están muy orgullosos de mí. He visto muchos cambios en mi vida. He recuperado valores.

No hace mucho quería ser psicóloga porque de pequeña la llevaban mucho al psicólogo. Quería ser psicóloga de cárceles. Ahora no. Quiere ser terapeuta y ayudar a los demás. Tener una familia, hijos, no hacerles sufrir. Estar en contacto con la recuperación. Llenarse y seguir sacando lo que sobra.

Ya no depende de quién la estime. Su autoestima la lleva en modo manual.

Un giro indeciso de tu fragilidad es un buen comienzo para un mal paso.
El siguiente pie no encontrará el suelo.

- ¡Vamos al último!

Y así fue.

Cuando la vi por primera vez, ella no se conocía. Estaba. Su cuerpo andaba por aquí. La cabeza hacia abajo, los pies sin ritmo, el pelo en los ojos. La culpa en la espalda y el vértigo en el alma.

Hoy se conoce tanto, que le sobra para saber de ti, de lo que te pasa, de lo que piensas, de lo que das y de lo que te guardas. Porque te mira a los ojos. Su vacío ya no existe. Su generosidad es contagiosa, si te dejas.

Casi desde que nació, pasa los veranos en la costa, en el mismo lugar. Primero con su familia y ahora con su marido y con su hijo. Igual su hijo y ella descubrieron la misma concha en la playa, que luego olvidaron recoger porque les llamaban para merendar. Quizás durante un tiempo ella olvidó llamarle y no hubo merienda, y el niño llevaba la concha en el bolsillo.

- "Si vuelvo a beber, me mato o desaparezco… esta vida no la quiero", pensaba.

Todo es normal cuando la historia empieza. De adolescente bebe los fines de semana con la pandilla. Es algo tímida, pero no demasiado, se relaciona bien con la gente. Es feliz. No tiene problemas.

Cuando se casa bebe algo más de lo normal (¿social?) o de lo social (¿normal?).

- "Vamos a otro, vamos a otro". Me gustaba. A mi marido no tanto, pero las tenemos pilladas juntos.

Al mes de nacer su niño, llegan a su casa y está toda revuelta. Han entrado a robar. Mientras él revisa habitación por habitación, ella se queda en la puerta con el bebé en el cochecito. Algo hace "click" en su cabeza. Casi puedo oír el chasquido mientras me lo cuenta, porque acelera los detalles y me dice que va a cortar ahí… A partir de ese día no puede estar sola en casa.

Descubre que bebiendo una cerveza o dos, no tiene miedo, y empieza a beber en serio, fuera de lo social. De una o dos pasa a dos o tres. Deja de ir al parque con el niño y con las otras madres. No quiere que la molesten. Al principio disfruta en la cocina mientras bebe algo del vino de cartón para cocinar. Al final usa los cartones de vino sólo para ella. Su marido los empieza a marcar. Y son muchos. Y más que hay, escondidos entre la ropa, por la casa.

- 	Por dentro sabía que estaba haciendo algo mal. Al mismo tiempo quería dejarlo, pero sentía la necesidad de hacerlo. Necesitaba beber.

Lo intenta. Deja de intentarlo. Lo deja. Hace trampas. Vuelve. Se desespera. Bebe con medicación. Es una bomba.

- 	Mi vida era una mierda.

De repente está por fuera de la ventana. Sin saber si se va a tirar o no. La gente la mira desde la calle. Aparece su hijo entre la gente. Se ven. Ella se tira hacia dentro, hacia la casa. Llega la ambulancia, llegan los bomberos.

Ingresa en un centro. Recae. Ingresa en otro. Recae.

-   En los centros donde estuve, conseguí desintoxicarme, físicamente. Teníamos una disciplina, unos horarios, limpieza, rutina, confrontación... pero volvía a beber.

    Ahora, donde estoy, a parte de lo físico, he aprendido a conocerme, a trabajar el interior, a ver las conductas que te llevan a consumir, los defectos de carácter... hoy sé cómo enfrentarme a los problemas.

    He aprendido a quererme, a vivir, que es lo que necesitaba. Las terapias me llenan. Los terapeutas son adictos en recuperación, como yo. Después de tanta mentira, tanta manipulación, tantas cosas malas que hice... notar esa paz... quitar todo ese peso que llevaba dentro, soltarlo y empezar a llenarlo de cosas buenas... por fin.

    Ahora me veo parte de algo, que importo, que no estorbo. Mi hijo se acerca cada vez más a mí. Me dice "Te quiero".
    Soy feliz y, al ser feliz, son felices los que me rodean, los que me quieren.

Esta mujer, en sus ratos libres, se dedica a salvar la vida de muchos adictos. Con sus palabras y con su ejemplo.

Siempre fue muy tímido. Nunca le entró a una chica. Y apareció internet. Desapareció en la red. Creó un harén virtual, un personaje y una vida paralela. Sexo, drogas y destrucción. Todo lo que confirmaba que la droga más golosa del mundo repercutía en la virilidad y que producía disfunción eréctil, provocó en él el efecto contrario, y la desgracia estaba servida. Sólo era cuestión de tiempo. El placer mantenido a la fuerza se convirtió en una obsesión de la que era difícil salir. Viajaba para tener sexo.

- Tuve temporadas de estar con cinco o seis chicas a la vez y no me daba el tiempo. Recuerdo una noche que una de ellas se quedó dormida, me fui a otra ciudad a estar con otra y cuando volví, seguía en la cama. Los porros me los fumaba como si fueran tabaco. Mantenía el alcohol con la cocaína, bajaba la coca con los porros... un cubata, una raya, un polvo, un porro, y vuelta a empezar... mi vida era así. Si no es por internet y por la droga... a mí me temblaban las piernas cuando se me ponía una chica delante.

De chaval estuvo en una mini-banda de mini-narcotraficantes fumando más que vendiendo. La policía les rondaba como en un romance buscando el enlace.

Escribe. Sus amigos le han dicho mil veces que escriba un libro. Trabaja y se pone sus pequeñas normas para no consumir durante la jornada laboral.

- Lo mínimo, cuando empecé en serio, era medio gramo diario y tres o cuatro cubatas. Me parecía excesivo, pero como no tenía resaca ni molestias físicas, no le daba importancia. Al final, era una botella de ron y dos gramos diarios. Mi camello me decía: "yo no te voy a dejar de vender porque es mi negocio, pero que sepas que te estás pasando… este mes llevas ya mil doscientos pavos sólo en cocaína, eh…"

Recuerdo que fui a una boda… no salí en ninguna foto de lo que estuve en el baño.

Nota cómo se le está yendo de las manos. Visita a algún psicólogo. Sus amigos le avisan. Él se esconde aún más.

- Ya sabes que tienes un problema… te has repetido tantas veces "mañana lo dejo"… y no eres capaz… me encontraba mal, taquicardias, faltaba algún día al trabajo… si ya me metía una raya para ir a dormir…

Encuentra una salida. Le recomiendan un centro de desintoxicación. Un centro que le propone cambiar de hábitos, olvidarse por un tiempo del mundo, pensar en él, cuidarse y aprender a vivir. Acepta e ingresa. Está cansado de lo que arrastra. Compara las dos vidas que puede seguir, y acepta, de verdad.

Ahora quiere vivir, sentir lo que es real. Le gustaría formar una familia. Habla con la suya.

- Hablo con mi padre… antes eso… era impensable.

El personaje de viajero sexual terminó. Su ritual, también. El placer destejido lo ha vuelto a tejer desde el principio. Ya no usa la red.

- Llegué a aborrecerlo, llorando, yo solo en casa… las chicas llamando… "¿qué? ¿voy hasta ahí?"… para qué.

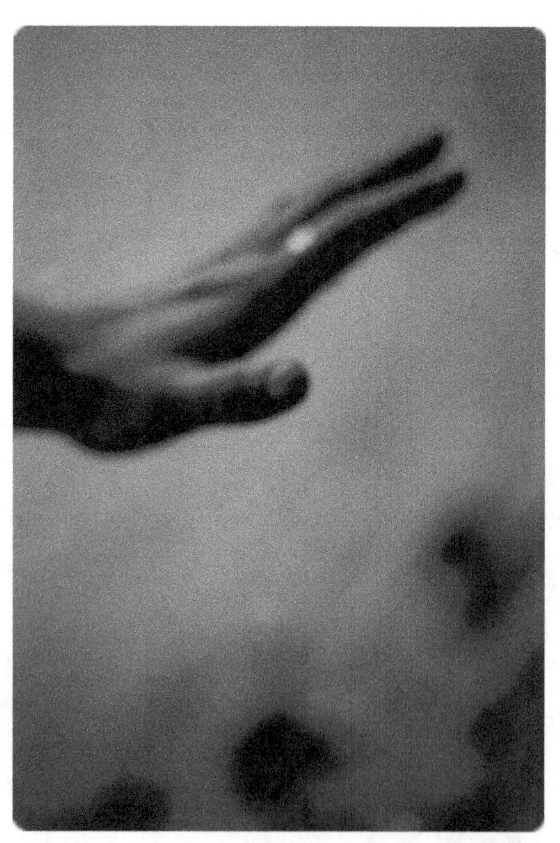

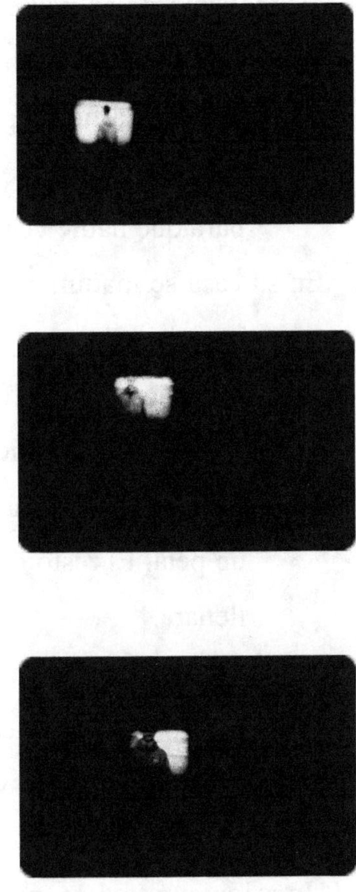

Era nadador. Competitivo y de los buenos. Su sueño era ir a una olimpiada. Se lesionó el hombro, murió su abuelo y se agravó el alcoholismo de su padre. Casi se ahoga. Tiene un álbum de fotos de un viaje familiar. No sale nadie porque las fotografías las hacía él, cuando se escapaba para fumar porros y estar solo.

- Inconscientemente, no queremos ver la realidad y nos escondemos para que nadie vea la nuestra.

En su casa se maquillaban por el qué dirán, para que no pasara nada. Él también, y me cuenta el peso del maquillaje. Prefería drogarse mil veces a mentir, aunque para drogarse bien, hay que mentir mejor. El escaparate luce un tiempo, se mantiene y se apaga.

- Lo primero que hacía por la mañana al levantarme, era un café y un peta. El resto del día ya estaba colocado. No había nada que me llenara.

Consume cocaína, los fines de semana, cuando bebe.

Una noche monta una fiesta para él solo. Intenta coger fuerzas para dejar una relación, para tener valor, para ser él quien elija. Pero hay invitados en su cabeza y se tropieza. Destroza la habitación y llega la policía.

Un psiquiatra le dice que ha tenido un brote psicótico y que debe dejar el alcohol y el hachís. Olvida mencionar la cocaína. Le hace caso. Escoger lo caro hace que su nómina le llegue a cero. Tiene deudas. No puede pagar el piso, ni la comida y, lo que es peor, no puede consumir.

- A mí lo que más me pesaba era la mentira... mentir a mis padres, a mí mismo, a mi novia... de no ser por ella, hubiera seguido consumiendo, arrastrándome, con deudas... sólo pensaba en cómo colocarme, cómo quedar con el camello, cómo hacer para que nadie se enterara... una cárcel... sin rejas... pero una cárcel.

Se reúne con sus padres y presenta su problema. Pide ayuda. Encajan bien el golpe y buscan un centro.

- Me costó dejarlo. Mi cabeza me quería vender que sí... que podía disfrutarlo... era necesidad vital... lo necesitaba para enfrentarme a la realidad. Poco a poco dejé de luchar y reconocí que era un adicto. Y analicé mis comportamientos, identifiqué mis sentimientos, mis defectos de carácter... lo que te dicen ya no te molesta... mentir... era agotador, brutal.

Hablamos de sacar, pero también de llenar. Freud sacaba y Viktor Frankl llenaba.

- Siempre sentí un vacío existencial... siempre... desde que era pequeño. Me preguntaba por qué había nacido, cuál era mi razón, mi papel... Cuando nadaba tenía la natación para vivir, cuando tuve la lesión y eso se acabó, me encontré vacío. No me gustaba estudiar. No me llenaba... hasta ahora... esa necesidad implantada por la sociedad de ser alguien, que si no eres alguien, no eres nadie... si no destacas, no has existido... siempre sentí ese vacío...

Y una de las cosas que he aprendido es que no tienes que ser nada para vivir, simplemente disfrutar de la vida, de los pequeños momentos. Al final, creo que la felicidad es algo intangible y que no se puede conseguir. Son pequeños milisegundos que te pasas toda la vida buscando… y lo que intento hacer es que la felicidad no sean esos milisegundos, sino el camino en conseguirlos. Y eso me llena… aún tengo vacío… pero poco a poco voy encontrando la razón por la que vivir.

Creo que es algo que nos marca a los adictos. Un vacío, una falta de entendimiento de cuál es la razón de vivir, cuando la razón de vivir simplemente es vivir. Nos volvemos locos buscando el sentido de todo, y el sentido es uno mismo. Aprender a vivir de una manera sencilla.

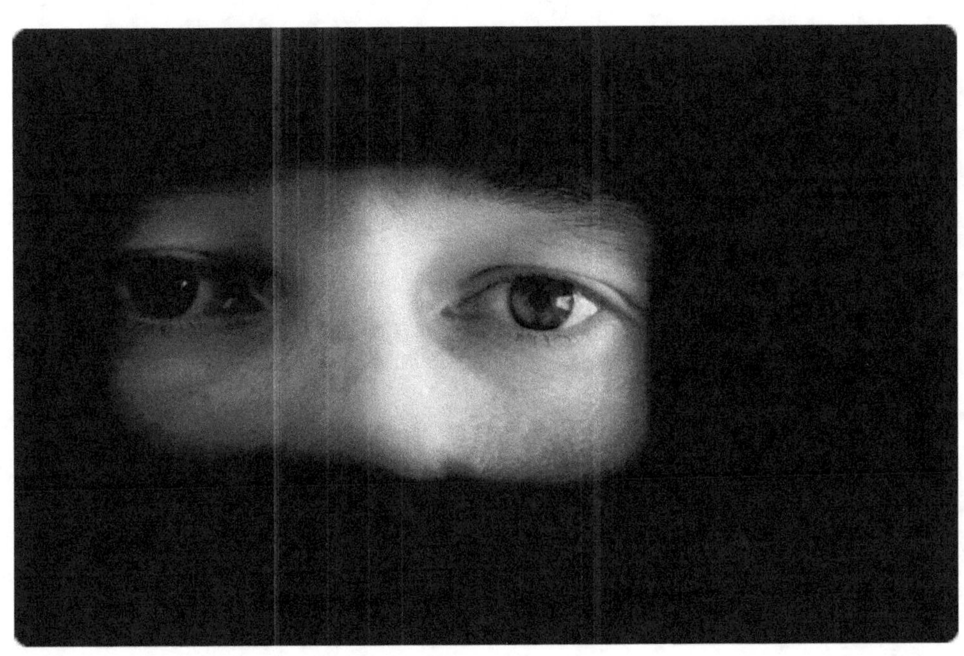

Cafetería

- Empecé a olvidarme de todo y me dio miedo. Al segundo trago no
  me acordaba de nada… abrir la lavadora y encontrarme botellas
  dentro… si empezaba con la primera copa… adiós.

Se quedó sola con dos niños a los veintisiete años. Era la madre y el
padre. Y usó el alcohol como máquina del tiempo para recuperar lo que
la juventud le debía. El viaje le salió caro. Una de sus hijas se convirtió
en su madre. Hasta que encontró las instrucciones para apagar la
máquina. Y se quedó en el presente.

- Nunca me gustó el alcohol. El whisky me sabía a aspirina. Pero
  bebía y me sentía más valiente, lo arreglaba todo… en mi cabeza.

Todos los jueves queda en casa de unas amigas. Los jueves y viernes
bebe con unas amigas en casa de una de ellas. Los jueves, viernes y fines
de semana queda con unas amigas en su casa o en casa de alguna de
ellas para beber.

Bebe sola en su casa.

Sale de un centro de desintoxicación sabiendo que va a volver a beber.
Un mes de diciembre, el día de nochevieja.

- Tanto bebí ese día, que me vestí y todo, y tanto tomé que no fui a
  la fiesta de fin de año. No me dejaron ir en esas condiciones.
  Cuando abrí los ojos, eran las tres de la mañana y estaba tirada,
  con el vestido. Fue unos de los momentos más dolorosos que
  recuerdo.

  En la boda de una amiga, me pasé tanto, que sé que estaba
  bailando… y nada más. Me desperté al día siguiente y los novios
  me miraban. Ella me dice ahora, en broma, que vaya noche de
  bodas… "siempre nos acordaremos de ti".

Hablamos de ese "click" que tiene en la cabeza. Que hace que desaparezca o que caiga al suelo, o que siga en pie sin acordarse de nada. Como cuando se apagó mientras conducía y se encendió en un hospital.

Ya bebe todos los días y tiene mucho miedo. Vergüenza. Culpa.

- Era una vida muy dura, muy difícil. Yo sabía que me estaba haciendo daño. Pero no sabía cómo parar, cómo explicarme… de qué manera… dirían que era una viciosa.

Investiga sobre la adicción. Hay sitios, lugares donde podría pasar una temporada. Desengancharse. Algo físico. No se convence. Sabe que su cuerpo lo maneja alguien más a parte de ella. Y que cuando se desintoxique, volverá a gobernarla. Lo que busca está dentro, en su cabeza. Allí dentro hay mucha gente organizando su vida, y sobra. Encuentra su lugar.

- Al principio, en terapia, no hablaba, sólo escuchaba. Me veía extraña… pero aprendía. Luego me fui soltando. Me sentía identificada, me entendían y yo a ellos. Me veía reflejada, con distintos problemas… pero con algo en común. Pude abrirme, contar mis atrocidades. Ya no me quedaba con nada dentro.

  Me costó aceptar que la adicción es una enfermedad. Dejé de luchar, empecé a tener calma y me liberé. Antes hacía quinientas cosas a la vez. Era un huracán. Ahora ya no miro tanto el reloj. Me dicen… se preocupan… porque me ven demasiado tranquila.

Es feliz. Su "click" y su máquina del tiempo han desaparecido. Su dependencia también. En su cabeza manda ella.

Cambió de país por trabajo y por distancia. Tuvo que volver para saber por qué huía. Hasta que encontró la respuesta, los camareros fueron sus psicólogos y la barra del bar su diván.

- La recuperación me ha generado la palabra "ilusión". Antes no tenía ilusión por nada… eres un estorbo. Veía a los drogadictos como un problema para la sociedad. Ahora los veo de otra manera; yo soy uno de ellos. Pienso… pobre gente… lo que están sufriendo… necesitan ayuda.

El principal motivo de su consumo disparado fue no hacer un viaje interior bien organizado. Para conocerse bien hay que apagar el ruido durante una temporada. Sabiendo que volveremos a encontrárnoslo; es parte del mundo. Sólo hay que tener las herramientas precisas para ajustar su volumen. Es necesario usarlas si quieres vivir en paz contigo mismo. Si eres adicto, más.

- Cuando el cuerpo va limpiándose y ya no queda alcohol, viene el tirón. El cuerpo pide lo suyo: "oye, ¡qué pasa!, eso que me estabas dando, ¿dónde está?".

Esa limpieza es básica. Para darle cuerda a un reloj, debes tener uno que funcione. Luego viene lo interesante. Cómo hacer que ese reloj sea preciso. Que no se atrase o que no se adelante.

- El último año fue brutal. Seguí con mi psicóloga… me pasaron al psiquiatra… después a una unidad de control de adicciones… y mi psicóloga me dijo que tenía un problema muy grave. Estaba alcoholizado. Se lo conté a mis padres y no lo entendieron. Que la adicción sea una enfermedad, es algo relativamente nuevo.

No sólo me encontraba mal físicamente. Perdía la cabeza. Entonces ingresé.

Ahora estoy tranquilo. No quiero consumir. Me gustaría viajar, conocer a una chica, ser padre… estoy ilusionado con la música… me gustaría subirme a un escenario a cantar mis canciones.

Es bueno tener ambiciones; pero ambiciones reales.

Tengo lo que necesito, y lo que no tengo y necesito, me lo pienso.

Antes no me lo pensaba… lo quería ya… en el momento.

La cabeza se va ajustando, no es a lo loco.

Empiezas a intentar dejar.

Empiezas a dejar el control. Dejas de controlar. De controlarlo todo.

Poco a poco.

Meditas. Piensas que meditas. Intentas controlar la meditación.

Apartas lo que estaba. Lo quitas.

Blanco. Azul. Blanco. Algo se cuela.

Lo quitas.

Piensas un poco. Lo quitas. Intentas no pensar.

Intentas no intentarlo. No lo intentas. No intentas.

Blanco.

Paz.

Nada.

Meditas. Piensas que meditas. No. No lo piensas. Algo aparece. Lo quitas.

Blanco.

Nada.

Cero.

Nada.

Respiras. No piensas. Nada pasa. Nada aparece. Blanco. Nada. Respiras.

Lento.

Meditas.

Vuelves.

Has dormido cuatro horas en diez minutos.

Un día su cabeza se quedó atrapada. No sabía si subía o bajaba. Y si bajaba podía ver a otra cabeza, también suya, que subía. Llegaron a ser muchas cabezas, que pensaban, que discutían, que querían tener su razón. Una razón única. Una concentración equivocada de cabezas distintas, dirigida por una cabeza que se perdía. Un ruido distinto. Y en paralelo, convirtiéndose en divergentes, todas sus cabezas veían cómo su primera existencia y su cuerpo se alejaban.

- Hacía apología de las drogas. No sólo porque las vendía, era un modo de vida. Vivía en un mundo irreal y me costó mucho volver.

Su cuerpo fue un centro de investigación químico donde gente diminuta desarrollaba vacunas, antidepresivos, analgésicos, opiáceos, anticuerpos, pastillas para dormir, para levantarse, para no tirarse por la ventana, para tirarse, para dudar, para hablar o para callarse. Tuvo un jefe, en un principio, que lo organizaba todo en el puesto de mando, en el cerebro. Pero debido al superávit aparecieron subjefes, subcontratas y un intento de control descontrolado que veía cómo sus carreteras no encontraban mercado. Un plan de exportación que no estaba previsto, que no estaba estudiado. Las salidas estaban bloqueadas. Un sistema anárquico bajo el mando de un monarca pasmado.

- En una rave, me pasé, tomé ketamina y todas las personas se convirtieron en aliens. Mi mundo paralelo era muchísimo más paralelo que el mundo de, por ejemplo, un cocainómano o un alcohólico, por las sustancias que consumía: THC, MDMA, psicotrópicos… Esa disociación de la realidad me parecía muy interesante.

Le expulsaron del instituto por "buen comportamiento" y su padre le "propuso" ingresar en el ejército.

- Lo único que no se podía conseguir en el cuartel era heroína... peña de ácido haciendo la guardia... salí bastante mal de allí.

Alrededor y a través de su mundo descolocado, encontró tiempo para miles de inquietudes. Empezó a hacer taichí a los diecinueve años, se hizo vegetariano, leyó sobre el taoísmo, la energía, los meridianos, la alimentación macrobiótica, el esoterismo, estudió kinesiología, yoga... Llegó un momento en el que sus inquietudes se vieron acorraladas por el poco tiempo que tenía para ellas. Su tiempo ya no era suyo. El desgaste, la paranoia y la ansiedad, le consumían.

- Tenía comportamientos compulsivos, convulsivos... llorando en casa... desquiciado... creyendo que me perseguía la policía... estaba desquiciado... desquiciado...

Después de varios avisos mentales, un psiquiatra le dijo que tenía un problema serio con las drogas y que, con el historial que llevaba, debía acudir a un centro de drogodependientes. Y lo hizo. No podía más.

Yo estaba cuando él llegó. Y al estar yo mejor, vi en él cómo había llegado yo.

La desintoxicación física es lo primero. Lo sabe. También le ayuda saber que cuerpo y mente van unidos, que se pueden enviar mensajes. Con el apoyo de los terapeutas consolida principios de sus estudios de kinesiología: curar lo físico desde lo emocional y lo emocional desde lo físico, mensajes.

Y se asombra de la cantidad de personajes creados en su teatro del absurdo. Sobran actores secundarios, atrezo, tramoyistas, decorados y, sobre todo, público. Prima el monólogo. Con un apuntador experto en la materia que le ayuda en la memoria. Un apuntador que, como él, actuó en los teatros, y descubrió que los aplausos no eran reales.

Y en esta nueva obra, gana el que no lucha.

- Rendirse es un proceso, no un suceso. Es ondulante. Hay etapas en las que hay más resistencia y otras en las que hay menos. Durante ese proceso, se van equilibrando esos picos. Picos de subida y de bajada. Y sabes por qué son. Identificas patrones de conducta, defectos de carácter y valores.

  El lenguaje verbal… nosotros tenemos un discurso interno… los personajes… ahí influye mucho el lenguaje que usamos. Un personaje victimista tiende a expresarse como tal, con un lenguaje victimista. Un personaje dominante hace lo mismo, con su lenguaje dominante… y ese lenguaje ayuda a reforzar el discurso interno. Es como estar sellándote todo el rato tus problemas, tus defectos de carácter.

La empresa química cerró. Ahora ha montado allí dentro un gimnasio, un centro de yoga y otro de meditación. Lo lleva él. Y cuando cierra y se va a dar una vuelta, deja las llaves a quien él quiere.

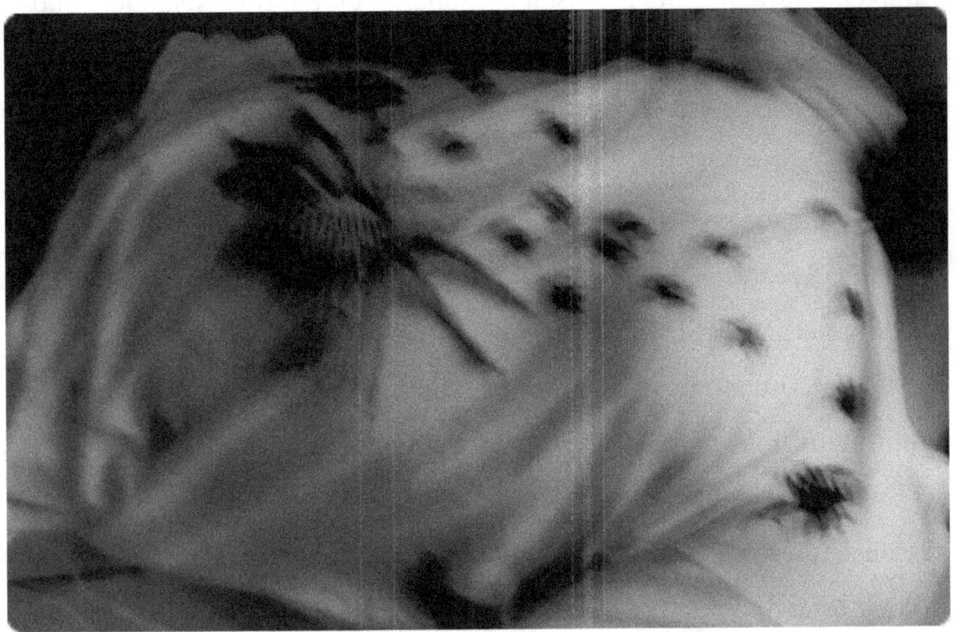

Tuve una alucinación hace años cuando me forcé, por unos pocos días, a no consumir. No podía dormir y, a mi lado, durante unos segundos, me miraba un tigre de bengala. Estaba tranquilo, él, enorme, sentado a unos metros de mí como un gatito con sobrepeso.

Mi tigre se habría ido corriendo a la India si se hubiera metido en la cabeza de este viajero.

- … bichos por las paredes… me subían por las piernas… arañas… una locura.

Mucho más agradable sería ver cómo ardía el edificio que tenía enfrente de su casa, mientras se fumaba un cigarrillo en la ventana. Hasta mi gatito, entre mis piernas, y yo, nos hubiéramos quedado, un poco por detrás de él, a contemplarlo. Hay alucinaciones amables que te dan un descanso, un respiro entre las horribles.

Puedes estar loco, y no tener ningún problema en elegir este camino, porque no estás cuerdo y porque no tienes elección. Y porque siendo un loco, no sabes que lo eres. O eso dicen los que dicen que estás loco - ¿quién trata a los de tratan la locura? -. Puede que estés cuerdo, pero que no encajes del todo en la cordura, que te falte la paciencia para enhebrar el hilo en la aguja, que si lo consigues te quedes sin botones que coser porque ya estén todos ocupados, que siempre llegues tarde y que si vas demasiado pronto todo esté cerrado. Empiezas a desconfiar del tiempo. Podrías haber hecho y nunca podrás hacer. Te quedas en el ahora sin estar.

- Yo siempre tuve muchos complejos y mucha inseguridad. Fui mal estudiante, me costaba concentrarme, atender… cambiaba de colegio cada poco. Además estaba gordísimo y tenía la autoestima muy baja.

En una de estas, los malos del grupo, los que mandan, los que cuando son adultos maltratan a sus mujeres y no van a una guerra porque tienen gripe, le obligaron a masturbar a un chaval.

- Desde aquella, en ese colegio, ya fui el hazme reír de todos. No me dejaban en paz. Entonces, me junté con la gente más chunga. Empecé a hacer cosas malas yo. Ahí nadie se metía conmigo.

Estando interno, con los malos, comienza a juguetear con las drogas. Se convierte en un camaleón a base de golpes. Encajar es prioritario. Mientras haga bulto, no será un punto solitario que llame la atención. La estrategia no es suya pero de momento funciona.

Sale del internado, crece, tiene su banda y su escudo, y su consumo. Alcohol, porros y cocaína. Y subiendo. Si tiene trabajo se queda en lo caro y si anda escaso se arregla con lo barato, vendiendo o robando. O pidiendo, manipulando, engañando. La prioridad ya no es encajar, es andar desencajado. Hay que conseguir lo primero. Y hay que conseguirlo ya. Cada segundo que pasa es un tiempo perdido, y un segundo en la mente de un adicto es la manecilla larga del reloj de un convento, de un internado.

De medio gramo pasa a dos diarios.

- Tenía que beber para poder dormir. Bebía una o dos botellas de aguardiente. Seguía con mis paranoias, alucinaciones, persecuciones… recuerdo una vez en casa, con un cuchillo en la mano… por si alguien entraba…

Fui a un psicólogo, a un psiquiatra. Sabía que tenía un problema
serio pero no lo dejaba.

Una noche, tenía mucha fiebre, taquicardias, creía que me moría.
Mi pareja me estaba cuidando y, aún así, me encerré en el baño
para meterme lo que me quedaba…

Un día lo suelta todo. Se deja ayudar por sus padres y por su novia. Y
entra en un centro de desintoxicación.

- Llegas aquí… y te habla una persona que es adicta… que ha
vivido como tú… que te entiende… ha pasado por lo mismo que
tú, igual diferentes vivencias, pero es lo mismo… te entiende. Yo
iba al psiquiatra y… ¿cómo te va a ayudar una persona que no ha
pasado por lo tuyo?... es jodido… de estar todos los días
consumiendo… a un día limpio… dos… noté… esperanza, tío… y
paz… sobre todo, paz… toda la gente contigo, abrazándote,
dándote ánimos… ver que pasan los días… sin consumir… me
motivaba mucho.

Al principio, en terapia, estaba a la defensiva. Después me dejé
llevar.

Me enseñaron a entender la adicción, el motivo por el que
consumía, por qué tenía ese carácter, la impulsividad, la falta de
autoestima, mi error al querer agradar por ser complaciente.

Un adicto siempre será un adicto. Y si no cuida la recuperación, se
vuelve a perder. Él tenía una reserva escondida. Se había guardado un
trocito de infierno. Recae. Huye. A la mierda.

- Iba por la autopista… la puta locura… con treinta pastillas al
destino de la muerte… iba… y volvía… en la misma autopista…

cogía desvíos… "voy o no voy"…¡eso sí que es un puto viaje!¡el viaje!¡eso fue una puta locura!... y seguía… iba… casi llegaba… y volvía…

Volví. Doblado… culpable… asco… fallarme a mí, a mis padres… si no es por mis padres, yo estaría muerto. Mis padres me han ayudado lo que no está escrito. A mí me salvaron la vida.

Regresa al centro. En terapia se abre más, cuenta cosas que antes callaba. Habla y escribe desde el corazón. Suelta peso. Trabaja su vida y se siente mejor. Se graba en su día a día: "sólo por hoy no voy a consumir", y lo poco a poco hace efecto.

- Ahora soy feliz… muy feliz. Ahora le doy un sentido a la vida… porque puedo hacer lo que me gusta… la cocina… ayudar… vivir, vivir, simplemente. Salir y disfrutar. Pasear a mi perro. Antes no veía nada. Ahora disfruto de las cosas que nos da la vida. Siempre quise hacer cocina, eso es lo que más me gusta en la vida… estoy ayudando a compañeros… que me llena el alma… no necesito grandes cosas. Necesito estar tranquilo, en paz… lo que tengo ahora.

París, la ciudad del amor.

- Como no sabía esnifar, se me caía todo. Entonces me dio un golpe contra una mesa.

A veces los viajes románticos son difíciles de olvidar. Hay tanto amor que dar, que es peligroso para la salud. Sobre todo para la salud del que lo recibe. Ella, médico, tuvo su dosis de cariño de él, médico también, aunque de un rango superior. Igual sólo era un tipo de instrucción facultativa, una ayuda, un empujón.

- Él fue el que me inició en el consumo. Yo no sabía lo que era la cocaína; en mi entorno no había nadie que estuviera relacionado con el mundo de las drogas. Me maltrataba física y psicológicamente. Estaba completamente anulada. Me prohibía ver a los amigos, me encerraba en casa, rompía cosas, me pegaba, venía la policía… No podía saludar a la gente porque sino era una fulana… lo típico. Me llamaba diez veces al día para saber dónde estaba. La primera vez que me llevé un golpe, hablé con una amiga y me fui de casa una semana. Después volví y me pidió perdón. Piensas que no lo va a volver a hacer, pero lo hace, y lo vuelve a hacer, y lo vuelve a hacer… y es "perdón"… y lo vuelve a hacer… y es "perdón"… lo vuelve a hacer…Era una persona muy violenta, muy agitada… pero conmigo, de cara al público era diferente. Entré en una depresión. No podía ir a trabajar. Me quedaba en la cama. Él me medicaba. No sabía lo que tomaba. Yo no tenía control sobre nada, ni sobre mí, ni sobre nadie.

Empezó a fumar tabaco cuando uno se plantea dejarlo, y a beber alcohol, esporádicamente, cuando salía, y muy poco. Era impensable verse metida en algo tan lejano, tan de otros. Además lo veía como algo prohibido, por su profesión, como algo incoherente.

- Ni te imaginas la cantidad de gente sanitaria que está puesta… es muy… alucinante… la cantidad de médicos que consumen drogas, no sólo alcohol… pero, drogas de todo tipo y… a lo mejor… pues estás jugando con la vida de las personas y no te das cuenta.

Su vida seguía en las manos de su maltratador. Con la autoestima por el suelo. Refugiándose en el consumo. Encerrada a la fuerza, por la exterior y por la poca interior que le quedaba. Pero como las cosas pasan por algo, ocurrió un milagro: él la deja. Ya tiene amantes. Ella no lo sabe. Igual son demasiadas. No puede controlarlas a todas. Ella sobra.

- Tenía miedo. Yo no podía dejarle. Me amenazaba de muerte. Sé que hubiese sido capaz de hacerlo.

Pasa seis meses sin consumir. Conoce a otro hombre, pero la relación no funciona. Ella se lo toma como un fracaso más. Vuelve a consumir.

Para seguir en racha, tiene una enfermedad terrible, conocida como la enfermedad del suicidio. Mucha gente se quitaba la vida antes de que se descubriera algún tipo de tratamiento. El suyo fue largo. Sufre descargas en la cara, un dolor insoportable por una simple corriente de aire, las gotas de agua como alfileres en la ducha. Después, pinchazos diarios, en la unidad del dolor, morfina, varias operaciones. No quiere vivir. Está harta.

- Empecé a consumir a lo bestia. No es que me gustara, me anestesiaba, me hacía no pensar en la mierda de vida que tenía. Era un sufrimiento continuo. No me tiraba por el balcón porque no era valiente.

Mientras se va recuperando de la enfermedad legal, se descubre su adicción. Está arruinada. Su padre la acompaña al banco para solucionar un error de factura. Ella no quiere ir. No hay ningún error. Es un momento muy difícil. La vergüenza, el dolor y el peso, arrasan un cuerpo maltratado, una cabeza tan poco querida. El sentimiento de culpa de un adicto es tan grande, que no le basta con el suyo propio, recauda culpas ajenas, verdaderas e inventadas. Para vaciar esa carga se necesitan montones de camiones de la basura. Una basura que, con el tiempo, y bien escogida, se puede reciclar.

Decide desintoxicarse. Su familia está con ella. Encuentra un lugar que no tiene persianas.

- No sabía que la adicción era una enfermedad. Al principio, cuando me lo explican, soy muy reticente a creerme todo eso… me lo están vendiendo muy bien… pero yo… estoy loca… soy una viciosa, y una egoísta, y una drogadicta como me dicen en mi casa.

  Es difícil explicárselo a alguien que no es como tú. Aquí te dan una perspectiva diferente y realmente es así, es una enfermedad. Aquí veo que la gente me entiende, que piensa igual que yo, que aunque todos somos diferentes, tenemos ese punto en común.

  Es complicado… cuando has hecho tanto daño… que desaparezca ese sentimiento de culpa… voy soltando…

  Para mí es muy importante que los terapeutas sean adictos en recuperación, y mi terapeuta es… una bendición… tiene magia.

  Mis defectos de carácter los identifico con más claridad que antes, y los veo a través de la gente en terapia, los reconozco, es como si tuviese un espejo delante. Mi vida ahora tiene sentido, antes no lo veía… veía sólo que no pintaba nada, que estaba fuera, que no encajaba. Existía pero no vivía. Ahora vivo. Todo lo que estoy aprendiendo aquí es importantísimo; debería impartirse a nivel social, general, educativo... es todo más fácil de lo que parece… y lo hacemos complicado.

Ha vuelto a trabajar. La enfermedad del suicidio ya no tiene el valor de visitarla. Se va reconstruyendo, sabiendo que los cimientos deben ser suyos.

- Antes llovía y decía: "vaya tiempo de mierda". Ahora saco el paraguas.

Se le escapa la sonrisa.

- Hace poco vino una chica intoxicada a urgencias y me dijo: "no quiero que me riñas"… "yo no te voy a reñir, sólo te quiero ayudar"… me empezó a contar su historia y, la verdad, es que era una desgracia… y yo le dije "mira, pueden pasar mil cosas, mil desgracias… la gente pasa por muchas situaciones complicadas, pero de todo se sale, te puedo ayudar, pero tienes que querer tú; si uno no quiere, por mucho que te ayuden, o por mucho que quieran ayudarte, no vas a salir nunca…" La gente se me quedaba mirando… "esta de qué está hablando… por qué se para tanto con esta paciente…", y yo… "sólo te quiero ayudar… si tú me dejas."

Ahora soy más comprensiva, tengo más paciencia a la hora de atender a la gente. Antes, lo era, pero ahora lo soy más y me encuentro satisfecha. Esa chica intoxicada de urgencias tiene hoy un punto de vista distinto más, que, si quiere, puede desarrollar.

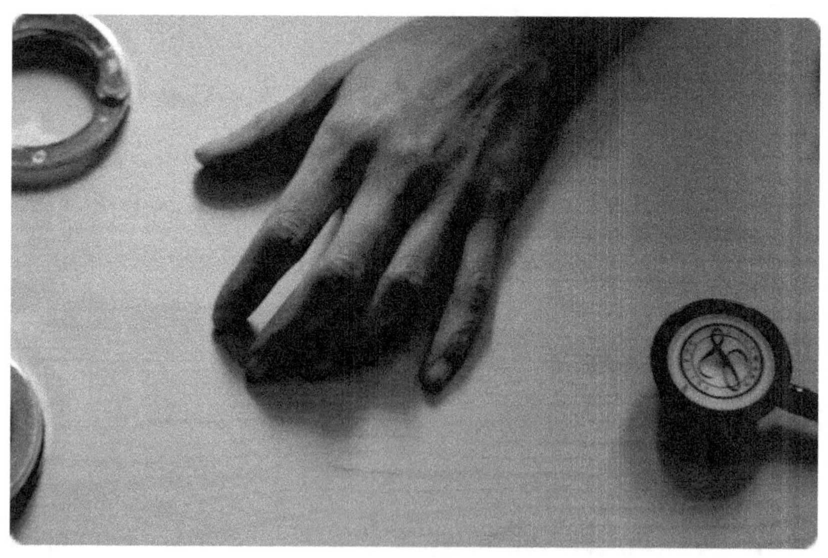

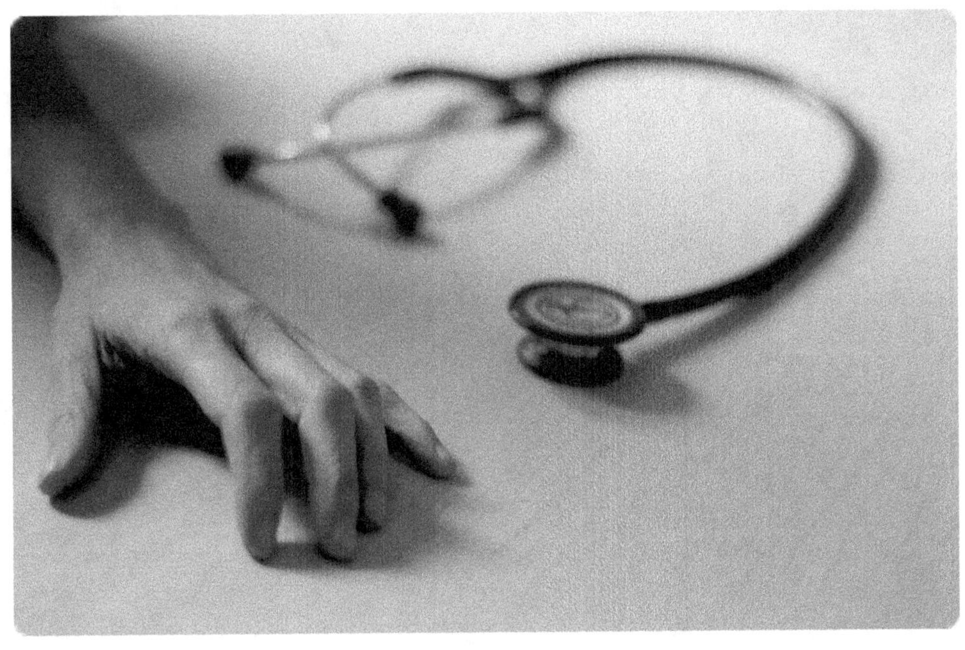

Pocos lugares le quedan por conocer.

- Japón, Australia y… las islas del Pacífico.

Ha viajado mucho. Y sigue haciéndolo. Dos o tres viajes al año. El más importante lo hizo alrededor del mundo, del suyo, cuando puso un pie a un lado de su línea peligrosa y, al comprobar que era tierra firme, puso el otro. A él no le sirve que le digan cómo funcionan las arenas movedizas. Tiene que estar dentro, hasta el cuello, para comprobarlo. Lo sólido está estudiado, es física. Pero él también es físico, y si no se hunde, es sólido. Caminar por la carretera, a favor del tráfico, sobre la línea continua del arcén. Tener la suerte de que sean coches y no camiones los que se crucen. Cuestionarse si es suerte. Algún rebufo de un tráiler que tambalea la duda.

En este último viaje se llevó a unos guías expertos que le enseñaron maravillas. Y ruinas. Aprendió idiomas extraños, comportamientos humanos, valores perdidos. Con una vela en un barco sin ancla ni timón. Con las ruinas escogidas en los pulmones. Sacando el aire y dirigiendo su navegación. O apagándola, dejándose llevar. En un océano o en una orilla. No todo tiene que ser perfecto. Tiene que ser real.

- Descubres que hay otra vida, que no es una maravilla, que no entras en el paraíso, pero existe, y abres tus poros, y te empieza a entrar, sentimientos, como un niño cuando prueba un helado por primera vez y dice: ¡uau!

  Durante mucho tiempo me iba muy bien en mi vida social, en mi trabajo, estaba siempre sobre la línea… nunca he tenido un percance, a mí no me han detenido nunca por posesión de drogas, ni por nada de nada… ni siquiera tengo una multa por ir conduciendo bebido. Guardaba mucho las formas. Y es malo, en cierto aspecto, porque esto hace que perdure mucho la situación.

Lo que pasa es que con el tiempo las cosas se van deteriorando poco a poco y sobre todo cuando tienes reveses importantes en la vida, porque los adictos no admitimos, no soportamos el dolor, y somos… yo estoy segurísimo de ello… hipersensibles… y yo me identifico completamente. Cuando tienes percances en tu vida… que tengas dolor… y que lo pases mal… nosotros ya conocemos cuál es la válvula de escape. La hemos utilizado de diferentes formas… yo la he utilizado para ser el más cachondo de las fiestas, el más protagonista, el imprescindible, con el que todo el mundo se reía… y jajaja… y jajaji… y abrazos a todo el mundo… y el éxito social, el que te vaya bien en el trabajo. Yo he sido un comercial fantástico durante toda mi vida… vendía estufas en el desierto… lo que hiciese falta… y era cierto, los números estaban ahí. Si esto no hubiese sido así y mi vida hubiera sido un fracaso pues, lógicamente, antes hubiese llegado el apocalipsis del consumo. Y ha llegado tarde. Porque era de los adictos que caminaban encima de la línea, siempre entre el límite del bien y del mal… y estos son los peores… yo he vivido treinta y seis años con mi mujer y me ha visto borracho cuatro veces, joder…

Hasta que se te va de las manos y tocas fondo. Cada uno toca fondo a su manera.

Fue de los pioneros del surf en España, en la costa vasca, con tablas que parecían portaviones. Imitando un poco lo que llegaba del Pacífico norteamericano.

- Los surfers californianos le daban a la marihuana y nosotros al hachís, que lo teníamos más cerca.

  Cuando descubrí el hachís, pensé que la gente que no lo fumaba era idiota... es que era la ostia... la capacidad de abstracción, la mente, las ideas que te generaba, la creatividad...

  De ahí pasé a la heroína. Un hermano mío se quedó en el camino. Los años ochenta, una época monstruosa. Hice un tratamiento, duro y largo, un año y pico, y la dejé.

  Me convertí en un bebedor social.

Lo social puede convertirse en peligroso si conoces a mucha gente. Si haces fiestas en casa o vas a fiestas en casas de otros. Lo social es relativo para un adicto. Llega a molestar. Al final, un adicto hace fiestas en su cabeza. Gente no le falta. Siempre tenemos gente de sobra. Echamos a los de fuera y bastante tenemos con los de dentro.

- Llega un momento en que ya estoy entregado al consumo, al alcohol, a mi adicción, y ya está... me da igual todo lo demás... me da igual mi familia, me da igual mi salud, me da igual todo...

En un despiste, su mujer lo echa de casa, con lo puesto. Pasa cuatro días en un hotel consumiendo como un loco. Victimizándose, llorando. La vida es una mierda y se plantea si merece la pena seguir en ella. También piensa en intentarlo de nuevo. Ya estuvo en un centro. Ya se desenganchó de la heroína. Por qué no probar otra vez. Lo hace. En un principio por los que le rodean, por los que le quieren, hasta que él empiece a quererse.

- Vi una posible solución, algo que me atrapó, que me enganchó.

Y que pasa por la exorcización del mal... suena muy raro, pero es así... se trata de ahuyentar todos los malos sentimientos de una persona y que ocupen su lugar los buenos. Veo que hay herramientas y que es factible. Que te produce un bienestar cojonudo. Y vas llenando la bolsa de buenos sentimientos y sacando los malos... y veo los progresos... va pasando el tiempo y te vas encontrando cada vez más... en paz... con tranquilidad... el consumo se va alejando, alejando, alejando... y funciona.

Ahora ves la vida... no... sientes la vida desde otra perspectiva absolutamente diferente a como la has estado sintiendo. La gente confunde felicidad con emociones. Una cosa son emociones y otra sentimientos. Las emociones pueden ser buenas o malas. Las buenas pueden ser muy intensas y eso a la gente le da un subidón que tiende al engaño. A los adictos, las emociones de las dos partes no nos convienen en ningún aspecto, ni las malas ni las buenas. Las grandes subidas las celebramos y las grandes bajadas las anestesiamos. Es mejor un sentimiento mantenido. El mejor descubrimiento para mí ha sido el dejar ir... nos complicamos la vida de una manera tan absurda...nos hacemos unos moños... por nada... gratis... gratis total... y nos consumimos, dándole vueltas... y te van del estómago a la cabeza... y de la cabeza al estómago.

No es fácil dejar ir, no es fácil hacerlo... deshacerse de los malos sentimientos... pero se puede... y es a base de no hacerles caso... de que se aburran... es un trabajo diario.

Nosotros desarrollamos un perfil de una manera exagerada. El que es egocéntrico, es egocéntrico a tope; el victimista, muy victimista… el que es complaciente, lo es a morir… desarrollamos todo muy intensamente… porque somos hipersensibles.

Hay adictos que no consumen. No consumen sustancias, claro, consumen enfermedad. Yo los veo por la calle… son horrorosos… la enfermedad que tienen, es acojonante; la vida que tienen, es acojonante; y la vida que dan a los demás, es acojonante.

Uno consume porque es adicto, no es adicto porque consume. Yo he sido adicto toda mi vida, desde pequeño, sin consumir. Y luego, qué pasa, pues que te tomabas el antídoto antes de que te picara la avispa.

Su última dosis real fue el nacimiento de su nieta.

- Un chute bestial… se me pone una sonrisa… te olvidas del mundo… es maravilloso.

  Claro, cuando nació mi hija, yo estaba enganchado a la heroína… sí lo sentí… pero estaba anestesiado. Me he perdido muchas cosas en la vida.

Epílogo

Aprender a querernos.

Un adicto en activo, sin darse cuenta, vive autodestruyéndose. Cada vez que consumíamos estábamos jugando con la muerte. Nuestros hábitos de vida no solo eran poco saludables, sino que además nos llevaban a perder la conciencia de peligro que protege al ser humano de correr riesgos innecesarios.

Enumerar cada uno de esos peligros daría como resultado una lista interminable de locuras que casi todos hemos hecho y que bien habrían podido acabar en auténticos desastres. La vida del adicto está en riesgo con cada dosis.

Cuando ingresamos en un centro, el primer cambio que hacemos es dejar el consumo. Pasan los días y nos mantenemos limpios, sin embargo nuestros patrones autodestructivos van más allá de consumir sustancias.

Podemos descubrir que no nos valoramos en absoluto. Nos tratamos con auténtico rigor autoexigente de manera que nunca estamos a la altura de nuestras expectativas. Nos proponemos ser perfectos, obrar con una eficacia extrema ante todos los retos de la vida y responder a los cánones de belleza como si de ello dependiera nuestro futuro. El resultado es que cuando nos encontramos con nuestra verdadera capacidad, nos sentimos frustrados y nos juzgamos de forma que nuestra pobre autoestima se ve seriamente dañada. Es en ese preciso momento cuando buscamos escapar, anestesiarnos, y encontrar soluciones en los viejos patrones de conducta.

En recuperación nos enseñan que no tenemos que ser perfectos. Tal como somos podemos desarrollarnos en plenitud si asumimos nuestras limitaciones y aceptamos nuestra realidad. Quizá no seamos los mejores hijos, los trabajadores más eficientes o los corredores más rápidos; quizá nuestros cuerpos puedan mejorar y nuestros ojos no sean los más bonitos; pero si nos mantenemos limpios estamos eligiendo la vida, y si trabajamos el programa seremos seres humanos libres, con principios y valores que nos darán conocimiento acerca de nuestra verdadera capacidad. Con todo ello aprenderemos a ocupar el lugar que nos corresponde en cada momento; tal vez no sea el más alto, ni el mejor, pero es el nuestro.

Cuando dejamos atrás las conductas autodestructivas estamos decidiendo apostar por la vida.

Cuidarnos física, mental, emocional y espiritualmente es nuestra manera de demostrar que nos respetamos profundamente y que elegimos querernos y recuperarnos.

Tratémonos con amor y con respeto. A partir de ahora haremos las cosas lo mejor que podamos, a nuestra capacidad tal y como nos han enseñado en recuperación.

Maló Fraga Guisado

Terapeuta

Gracias al Instituto Castelao, terapeutas, equipo médico, monitores, auxiliares, pacientes, familiares… por su apoyo, por su amabilidad, por su cariño… por tantas cosas…

Entre enero y marzo de 2020, fotografié y entrevisté a estos catorce valientes. Ellos representan a todos los "viajeros" que se quedaron fuera del libro.
Todos tan diferentes. Todos tan iguales.
Cuando volver a mirarse a los ojos deja de ser un desafío.

Ramón Díez, León 1972.

Escritor y fotógrafo.

Autor de la novela corta "el ruido de ana" y el libro de relatos

"Cuentines" (de la editorial xxxxx, ya que no aparece por ningún lado…

irían a por tabaco…).

www.ramondiez.com

www.ingramcontent.com/pod-product-compliance
Lightning Source LLC
Chambersburg PA
CBHW081312250726
48662CB00008B/2526